Originalausgabe 1986
Marshall Morgan and Scott, Basingstoke, Hants, England

Übersetzung: Günter Balders

ISBN 3-7893-7688-4

Satz: Jedamski Typeteam, Wuppertal
Printed in Great Britain by
W.S. Cowell Limited, Ipswich

Die wunderschöne Perle

Nick Butterworth und Mick Inkpen

ONCKEN VERLAG WUPPERTAL UND KASSEL

Hier siehst du einen Mann,
der Sachen kauft und verkauft.
Er ist ein Kaufmann.
Er hat eine schöne Pelzjacke.
Und einen Hut mit einer lustigen Feder.
Den liebt er ganz besonders.

Er wohnt in einem riesigen Haus.
Das Haus hat fünf Etagen,
und im Vorgarten ist ein Fischteich
mit einem Springbrunnen.

Der Kaufmann hat alles, was er haben möchte.
Er hat fünfzehn Zimmer voller Möbel.

Er hat vier Tiefkühltruhen
voller Essen.
(Und drei Kühlschränke
für kalte Getränke.)

Unter seiner Matratze hat er mehr Geld,
als man sich vorstellen kann. Viel mehr.
Ja, der Kaufmann hat alles,
was er haben möchte.

Aber eines Tages sieht er etwas in einem Schaufenster. Etwas Besonderes.
Eine wunderschöne weiße Perle.

„Sie kostet eine Million fünfhunderttausend Mark“,
sagt der Mann in dem Geschäft.
Das ist viel mehr, als der Kaufmann
unter seiner Matratze hat.
Aber er möchte unbedingt diese Perle haben.

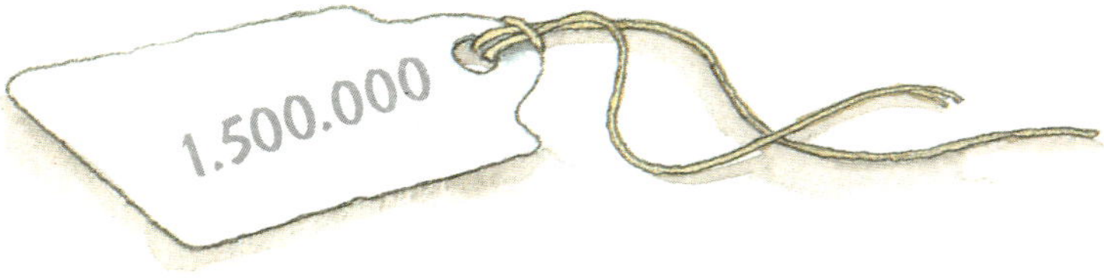

Er rennt nach Hause. Er hat eine Idee.
Er verkauft seine Möbel, seine Tiefkühltruhen und Kühlschränke mit allem Essen darin.
Er verkauft sein Haus, seinen Springbrunnen und seinen Fischteich.

ZU VER-
KAUFEN

Er verkauft seine schöne Pelzjacke.
Aber seinen Hut mit der lustigen Feder,
den behält er.
Denn den liebt er ganz besonders.

Er leiht sich eine Schubkarre
und packt das Geld hinein.
Er bringt es zum Geschäft,
um die Perle zu kaufen.

O weh! Er hat fünfzig Mark zu wenig.
„Gib mir deinen Hut statt der fünfzig Mark",
sagt der Mann in dem Geschäft.
Der Kaufmann lacht.
Er gibt dem Mann seinen Hut und
bekommt die Perle.

Hurra! Jetzt behört die Perle ihm.
Jesus sagt: „Mit Gott ist es
wie mit der Perle des Kaufmanns.
Es lohnt sich, alles herzugeben,
um ihn bei sich zu haben.
Denn er ist es wert,
mehr als alles andere in der Welt."